Inhalt

Mehr Schein als Sein - der deutsche Arbeitsmarkt im Abwind

Kernthesen

Beitrag

Fallbeispiele

Weiterführende Literatur

Impressum

GENIOS WirtschaftsWissen Nr. 11 vom 07.11.2012

Mehr Schein als Sein - der deutsche Arbeitsmarkt im Abwind

Robert Reuter

Kernthesen

- Die Zahl der Arbeitslosen lag im Oktober dieses Jahres höher als im Vorjahreszeitraum.
- Experten interpretieren dies als Anzeichen, dass die schwache Konjunktur nun auch den bisher so gefeierten Arbeitsmarkt in Mitleidenschaft zieht.
- Dass der deutsche Arbeitsmarkt gar nicht so gut dasteht, zeigt ein Blick auf den Niedriglohnsektor. Rund 1,5 Millionen Menschen werden nicht als arbeitslos

geführt, obwohl sie neben ihrem Verdienst Arbeitslosengeld II beziehen.

Beitrag

Schwächelnde Konjunktur hinterlässt Spuren

Zum ersten Mal seit zweieinhalb Jahren ist die Arbeitslosigkeit in Deutschland gegenüber dem Vorjahreszeitraum gestiegen. Mit 2,753 Millionen Arbeitslosen lag die Zahl der Arbeitssuchenden im Oktober um 16 000 höher als im Oktober 2011. Die Arbeitslosenquote blieb dabei unverändert bei 6,5 Prozent. Auch vor einem Jahr hatte sie bei 6,5 Prozent gelegen.

Gleichzeitig sank die Zahl der offenen Stellen - abgesehen von einem Ausreißer im Mai - zum siebten Mal in Folge. Keine Verschlechterung bedeutet das Oktoberergebnis allerdings gegenüber dem Vormonat September. Hieran gemessen hat die Zahl der Beschäftigten sogar zugenommen.

Angesichts des Beschäftigungsanstiegs von September auf Oktober ist es verfrüht, von einer Krise am Arbeitsmarkt zu sprechen. Die Bundesagentur für

Arbeit bewertet den deutschen Arbeitsmarkt als nach wie vor in robuster Verfassung. Gleichwohl mehren sich die Anzeichen, dass das "deutsche Jobwunder" langsam zu Ende gehen könnte. Von einer Trendwende will aber noch niemand sprechen. Stattdessen wird unterstrichen, dass die Arbeitsmarktzahlen gerade vor dem Hintergrund der schwierigen Konjunktur in Europa als gut bewertet werden können. (1), (2)

Hoffen auf 2013

Fast alle Experten gehen davon aus, dass es sich bei der aktuellen Entwicklung nur um eine vorübergehende Schwächung des Arbeitsmarktes handelt. Da man vermuten dürfe, dass sich die Staatsschuldenkrise im Euro-Raum im nächsten Jahr nicht verschlimmern werde, sei für 2013 damit zu rechnen, dass die Unternehmen ihre derzeitige Zurückhaltung bei der Beschäftigung neuer Mitarbeiter wieder aufgeben werden. Mit einem baldigen "Turnaround" auf dem Arbeitsmarkt rechnet beispielsweise die Deutsche Bank. Da im nächsten Jahr nach Ansicht der Volkswirte des deutschen Branchenprimus die Exporte zunehmen werden, wird auch die Zahl der Beschäftigten wieder signifikant steigen. (3), (5), (6)

Der deutsche Arbeitsmarkt - mehr Schein als Sein

Die seit über zwei Jahren grundsätzlich positive Situation auf dem deutschen Arbeitsmarkt darf nicht darüber hinwegtäuschen, dass das deutsche Jobwunder teuer bezahlt werden muss. Denn keineswegs haben wir heute einen Arbeitsmarkt, der den Verhältnissen der 90er Jahre so weit voraus ist, wie es die Zahlen Glauben machen könnten. Die niedrige Arbeitslosigkeit in Deutschland ist das Ergebnis eines amerikanisierten Arbeitsmarktes, der sich dadurch auszeichnet, dass zwar viele Menschen Beschäftigung haben, sie vom Verdienst aber oft nicht mehr leben können. In kaum einem anderen OECD-Land ist der Niedriglohnsektor so groß wie in Deutschland. Nur in Polen und Großbritannien gibt es mehr Erwerbstätige, die für vergleichbar wenig Geld arbeiten. Selbst in (Fast-)Pleitestaaten wie Irland, Portugal, Spanien und Griechenland ist der Anteil der Geringverdiener an den Erwerbstätigen kleiner als auf der angeblichen Wohlstandsinsel Deutschland.

20,6 Prozent aller Beschäftigten hierzulande verdienen weniger als 10,36 Euro pro Stunde. 2006 waren es noch 18,7 Prozent. Viele dieser Menschen sind sogenannte Aufstocker, das heißt, sie erhalten zusätzlich zum niedrigen Verdienst Leistungen aus den Sozialkassen. Aufstocker sind heute längst nicht mehr nur Hilfsarbeiter, sondern auch Drucker, Metzger, Servicekräfte und Akademiker. Entstanden ist der Niedriglohnsektor in Deutschland als Folge der von der Regierung Schröder/Fischer beschlossenen Agenda 2010.

Die beträchtliche Größe des Niedriglohnsektors hat zu der paradoxen Situation geführt, dass Deutschland mittlerweile von vielen ausländischen Unternehmen als Niedriglohnland geschätzt wird. So ist Deutschland heute Europas größter Erzeuger für Schlachtfleisch - und zwar weil viele ausländische Schlachthöfe hierher umgezogen sind. Noch im Jahr 2000 wurde Fleisch nach Deutschland eingeführt, heute gehen 50 Prozent des hier produzierten Schweinefleischs in den Export. Die Arbeiter haben von der Fleischproduktion in Deutschland freilich nichts. Da sie nicht angestellt werden, sondern von Subunternehmern an die großen Schlachtereien vermietet werden, erhalten sie für eine 40-Stundenwoche im Akkordbetrieb zwischen 1 000 und 1 400 Euro brutto.

Die tatsächliche Situation des deutschen Arbeitsmarktes weicht damit von den so gut klingenden offiziellen Zahlen der Bundesagentur für Arbeit deutlich ab. 2010 mussten 1,4 Millionen Menschen neben ihrem Verdienst das so genannte Arbeitslosengeld II in Anspruch nehmen. Die

Arbeitsmarktstatistik spricht von "erwerbstätigen ALG-II-Beziehern", die aber nicht zu den Arbeitslosen gezählt werden.

Unter den Aufstockern sind auch Menschen, die nicht zu den Arbeitslosen gezählt werden müssten, wie etwa Studenten. Andererseits gibt es unter den Beschäftigten im Niedriglohnsektor viele Menschen, die nicht um Zusatzgeld bitten wollen und stattdessen versuchen, mit dem schmalen Verdienst über die Runde zu kommen. Dazu stecken 5,2 Millionen der in Deutschland rund 7,5 Millionen Menschen, die in 400-Euro-Jobs tätig sind, dauerhaft in ihrem prekären Arbeitsverhältnis fest und haben keine Aussicht, in einen Volljob zu kommen. Eine weitere Million ist in Leiharbeit beschäftigt und leidet ihrerseits darunter, dass Unternehmen kein Interesse haben, sie fest anzustellen - obwohl sie oft viele Jahre für dieselbe Firma tätig sind. (4)

Trends

Weniger Arbeitsplätze in der Automobilindustrie

Die Absatzkrise im Automobilsektor hat zu gewaltigen Überkapazitäten in den europäischen

Werken geführt. Alleine der US-Hersteller Ford will darum drei seiner Autofabriken schließen, nämlich die in Genk (Belgien), Southampton und Dagenham (beide England). Experten gehen davon aus, dass die anderen in Europa produzierenden Hersteller nachziehen werden. Es ist prognostiziert, dass der westeuropäische Automobilmarkt bis einschließlich 2020 nicht wieder auf die Absatzzahlen des Jahres 2007 kommen wird. Die nächsten Kandidaten, die Werksschließungen vornehmen werden, könnten Peugeot Citroën und Opel sein. Bei Fiat gelten insbesondere zwei süditalienische Fabriken als gefährdet. Renault-Chef Carlos Ghosn hat Werksschließungen für den Fall angedroht, dass sich die Wettbewerbsfähigkeit Frankreichs nicht verbessere.

Deutlich besser als die Volumenhersteller stehen die Premiummarken BMW, Audi, Mercedes und Jaguar Landrover da, weil sie einen großen Teil ihrer Produktion in die USA, nach China und in die Emerging Markets exportieren. Auch Volkswagen, eigentlich selbst ein Volumenhersteller, schlägt sich gut, denn das Unternehmen ist auf den Auslandsmärkten ebenfalls gut vertreten. (9)

Fallbeispiele

General Motors streicht 2 600 Stellen

Auch der Opel-Mutterkonzern General Motors (GM) greift angesichts eines neuerlichen Milliardenverlusts mit harter Hand durch. Bis Ende des Jahres will GM die Kosten in Europa um 300 Millionen Dollar senken und 2 600 der 40 000 Stellen streichen. Insider glauben, dass der Opel-Standort Bochum davon betroffen sein wird. Vermutlich wird das Werk nach dem Auslaufen des aktuellen Zafira Tourer im Jahr 2016 dichtgemacht. (8)

Zwei Drittel der Schlecker-Angestellten weiter arbeitslos

Vier Monate nach dem Aus bei Schlecker sind zwei Drittel der Verkäuferinnen noch auf Jobsuche. Die Gewerkschaft Ver.di bemängelt überdies, dass diejenigen, die heute wieder arbeiten, oft in prekäre Arbeitsverhältnisse hineingedrängt worden sind. Die Frauen arbeiten demnach jetzt in 400-Euro-Jobs, befristeten Stellen, als Urlaubsvertretungen und Praktikantinnen. (7)

Weiterführende Literatur

(1) Arbeitslosigkeit steigt wieder
aus manager-magazin.de vom 30.10.2012

(2) Jetzt mehr als 41,8 Millionen Erwerbstätige
aus manager-magazin.de vom 30.10.2012

(3) Weniger neue Stellen im Oktober
aus manager-magazin.de vom 29.10.2012

(4) Weil sie es können
aus brand eins, Heft 11/2012, S. 38-44

(5) Mehr Arbeitslose als im Vorjahr
aus Frankfurter Allgemeine Zeitung, 31.10.2012, Nr. 254, S. 10

(6) Es wird eng
aus Süddeutsche Zeitung, 31.10.2012, Ausgabe Deutschland, S. 19

(7) Knapp ein Drittel der Beschäftigten vermittelt
aus manager-magazin.de vom 02.10.2012

(8) GM kappt 2 600 Jobs in Europa
aus Handelsblatt Nr. 212 vom 01.11.2012 Seite 005

(9) Alle Bänder stehen still
aus DIE ZEIT, 31.10.2012 Nr. 45 Seite 025

Impressum

Mehr Schein als Sein - der deutsche Arbeitsmarkt im Abwind

Bibliografische Information der deutschen Nationalbibliothek

Die Deutsche Nationalbibliothek verzeichnet diese Publikation in der deutschen Nationalbibliografie; detaillierte bibliografische Daten sind im Internet über http://dnb.d-nb.de abrufbar.

ISBN: 978-3-7379-1695-0

© 2015 GBI-Genios Deutsche Wirtschaftsdatenbank GmbH, Freischützstraße 96, 81927 München, www.genios.de

Alle Rechte vorbehalten. Dieses Werk ist einschließlich aller seiner Teile – z.B. Texte, Tabellen und Grafiken - urheberrechtlich geschützt. Jede Verwertung außerhalb der Grenzen des Urheberrechtsgesetzes bedarf der vorherigen Zustimmung des Verlags. Dies gilt insbesondere auch für auszugsweise Nachdrucke, fotomechanische Vervielfältigungen (Fotokopie/Mikroskopie), Übersetzungen, Auswertungen durch Datenbanken oder ähnliche Einrichtungen und die Einspeicherung und Verarbeitung in elektronischen Systemen.